# Dankbarkeits tagebuch für Frauen

## Dieses Buch gehört:

# Menschen für die ich dankbar bin...

# Das macht mich besonders glücklich...

# Dieser Spruch bedeutet viel für mich....

## Weil:

## Heute bin ich dankbar

1
2
3
4

DATUM

___/ ___/ ___

---

1
2
3
4

## Heute bin ich dankbar

DATUM

___/ ___/ ___

---

## Heute bin ich dankbar

1
2
3
4

DATUM

___/ ___/ ___

---

1
2
3
4

## Heute bin ich dankbar

DATUM

___/ ___/ ___

Heute bin ich
dankbar

DATUM

___/ ___/ ___

1
2
3
4

---

1
2
3
4

Heute bin ich
dankbar

DATUM

___/ ___/ ___

---

Heute bin ich
dankbar

DATUM

___/ ___/ ___

1
2
3
4

---

Das hätte diese Woche besser laufen können...

Das war mein Highlight diese Woche...

Heute bin ich
dankbar

DATUM

___ / ___ / ___

1
2
3
4

---

1
2
3
4

Heute bin ich
dankbar

DATUM

___ / ___ / ___

---

Heute bin ich
dankbar

DATUM

___ / ___ / ___

1
2
3
4

---

1
2
3
4

Heute bin ich
dankbar

DATUM

___ / ___ / ___

Heute bin ich
dankbar

DATUM

___ / ___ / ___

1
2
3
4

1
2
3
4

Heute bin ich
dankbar

DATUM

___ / ___ / ___

Heute bin ich
dankbar

DATUM

___ / ___ / ___

1
2
3
4

Das hätte diese Woche besser laufen können...

Das war mein Highlight diese Woche...

## Heute bin ich dankbar

DATUM

___ / ___ / ___

1
2
3
4

---

1
2
3
4

## Heute bin ich dankbar

DATUM

___ / ___ / ___

---

## Heute bin ich dankbar

DATUM

___ / ___ / ___

1
2
3
4

---

1
2
3
4

## Heute bin ich dankbar

DATUM

___ / ___ / ___

## Heute bin ich dankbar

1
2
3
4

DATUM

___/ ___/ ___

---

1
2
3
4

## Heute bin ich dankbar

DATUM

___/ ___/ ___

---

## Heute bin ich dankbar

DATUM

___/ ___/ ___

1
2
3
4

---

### Das hätte diese Woche besser laufen können...

### Das war mein Highlight diese Woche...

Heute bin ich
dankbar

DATUM

___/ ___/ ___

1
2
3
4

---

1
2
3
4

Heute bin ich
dankbar

DATUM

___/ ___/ ___

---

Heute bin ich
dankbar

DATUM

___/ ___/ ___

1
2
3
4

---

1
2
3
4

Heute bin ich
dankbar

DATUM

___/ ___/ ___

Heute bin ich dankbar

1

2

3

4

DATUM

___/ ___/ ___

---

Heute bin ich dankbar

1

2

3

4

DATUM

___/ ___/ ___

---

Heute bin ich dankbar

1

2

3

4

DATUM

___/ ___/ ___

---

Das hätte diese Woche besser laufen können...

Das war mein Highlight diese Woche...

# Menschen für die ich dankbar bin...

# Das macht mich besonders glücklich...

# Dieser Spruch bedeutet viel für mich....

## Weil:

Heute bin ich
dankbar

DATUM

____/ ____/ ___

1
2
3
4

---

1
2
3
4

Heute bin ich
dankbar

DATUM

___/ ___/ ___

---

Heute bin ich
dankbar

DATUM

___/ ____/ ___

1
2
3
4

---

1
2
3
4

Heute bin ich
dankbar

DATUM

___/ ___/ ___

Heute bin ich
dankbar

1
2
3
4

DATUM

___/ ___/ ___

Heute bin ich
dankbar

1
2
3
4

DATUM

___/ ___/ ___

Heute bin ich
dankbar

1
2
3
4

DATUM

___/ ___/ ___

Das hätte diese Woche besser laufen können...

Das war mein Highlight diese Woche...

## Heute bin ich dankbar

DATUM

___ / ___ / ___

1
2
3
4

## Heute bin ich dankbar

DATUM

___ / ___ / ___

1
2
3
4

## Heute bin ich dankbar

DATUM

___ / ___ / ___

1
2
3
4

## Heute bin ich dankbar

DATUM

___ / ___ / ___

1
2
3
4

## Heute bin ich dankbar

DATUM
___ / ___ / ___

1
2
3
4

---

1
2
3
4

## Heute bin ich dankbar

DATUM
___ / ___ / ___

---

## Heute bin ich dankbar

DATUM
___ / ___ / ___

1
2
3
4

---

Das hätte diese Woche besser laufen können...

Das war mein Highlight diese Woche...

## Heute bin ich dankbar

1  
2  
3  
4  

DATUM

___ / ___ / ___

## Heute bin ich dankbar

1  
2  
3  
4  

DATUM

___ / ___ / ___

## Heute bin ich dankbar

1  
2  
3  
4  

DATUM

___ / ___ / ___

## Heute bin ich dankbar

1  
2  
3  
4  

DATUM

___ / ___ / ___

## Heute bin ich dankbar

1
2
3
4

DATUM
____/ ____/ ___

---

1
2
3
4

## Heute bin ich dankbar

DATUM
____/ ____/ ___

---

## Heute bin ich dankbar

1
2
3
4

DATUM
____/ ____/ ___

---

### Das hätte diese Woche besser laufen können...

### Das war mein Highlight diese Woche...

Heute bin ich
dankbar

DATUM

___/ ___/ ___

1
2
3
4

---

1
2
3
4

Heute bin ich
dankbar

DATUM

___/ ___/ ___

---

Heute bin ich
dankbar

DATUM

___/ ___/ ___

1
2
3
4

---

1
2
3
4

Heute bin ich
dankbar

DATUM

___/ ___/ ___

Heute bin ich
dankbar

DATUM

___/ ___/ ___

1
2
3
4


Heute bin ich
dankbar

DATUM

___/ ___/ ___

1
2
3
4


Heute bin ich
dankbar

DATUM

___/ ___/ ___

1
2
3
4


Das hätte diese Woche besser laufen können...

Das war mein Highlight diese Woche...

# Menschen für die ich dankbar bin...

# Das macht mich besonders glücklich...

# Dieser Spruch bedeutet viel für mich . . . .

## Weil:

Heute bin ich
dankbar

DATUM

___/ ___/ ___

1
2
3
4

Heute bin ich
dankbar

DATUM

___/ ___/ ___

1
2
3
4

Heute bin ich
dankbar

DATUM

___/ ___/ ___

1
2
3
4

Heute bin ich
dankbar

DATUM

___/ ___/ ___

1
2
3
4

Heute bin ich
dankbar

DATUM

___ / ___ / ___

1
2
3
4

Heute bin ich
dankbar

DATUM

___ / ___ / ___

1
2
3
4

Heute bin ich
dankbar

DATUM

___ / ___ / ___

1
2
3
4

Das hätte diese Woche besser laufen können...

Das war mein Highlight diese Woche...

# Heute bin ich dankbar

1

2

3

4

DATUM

___ / ___ / ___

---

1

2

3

4

# Heute bin ich dankbar

DATUM

___ / ___ / ___

---

# Heute bin ich dankbar

1

2

3

4

DATUM

___ / ___ / ___

---

1

2

3

4

# Heute bin ich dankbar

DATUM

___ / ___ / ___

Heute bin ich
dankbar

DATUM

____/ ____/ ____

1

2

3

4

---

1

2

3

4

Heute bin ich
dankbar

DATUM

____/ ____/ ____

---

Heute bin ich
dankbar

DATUM

____/ ____/ ____

1

2

3

4

---

Das hätte diese Woche besser laufen können…

Das war mein Highlight diese Woche…

Heute bin ich
dankbar

DATUM

___ / ___ / ___

1
2
3
4

---

1
2
3
4

Heute bin ich
dankbar

DATUM

___ / ___ / ___

---

Heute bin ich
dankbar

DATUM

___ / ___ / ___

1
2
3
4

---

1
2
3
4

Heute bin ich
dankbar

DATUM

___ / ___ / ___

# Heute bin ich dankbar

DATUM

___/ ___/ ___

1
2
3
4

---

1
2
3
4

# Heute bin ich dankbar

DATUM

___/ ___/ ___

---

# Heute bin ich dankbar

DATUM

___/ ___/ ___

1
2
3
4

---

## Das hätte diese Woche besser laufen können...

## Das war mein Highlight diese Woche...

*Heute bin ich*
*dankbar*

DATUM

___/ ___/ ___

1
2
3
4

---

1
2
3
4

*Heute bin ich*
*dankbar*

DATUM

___/ ___/ ___

---

*Heute bin ich*
*dankbar*

DATUM

___/ ___/ ___

1
2
3
4

---

1
2
3
4

*Heute bin ich*
*dankbar*

DATUM

___/ ___/ ___

_Heute bin ich dankbar_

DATUM

___ / ___ / ___

1
2
3
4

---

1
2
3
4

_Heute bin ich dankbar_

DATUM

___ / ___ / ___

---

_Heute bin ich dankbar_

DATUM

___ / ___ / ___

1
2
3
4

---

**Das hätte diese Woche besser laufen können…**

**Das war mein Highlight diese Woche…**

# Menschen für die ich dankbar bin...

# Das macht mich besonders glücklich...

Dieser Spruch bedeutet
viel für mich.....

Weil:

Heute bin ich
dankbar

DATUM

___/ ___/ ___

1

2

3

4

---

1

2

3

4

Heute bin ich
dankbar

DATUM

___/ ___/ ___

---

Heute bin ich
dankbar

DATUM

___/ ___/ ___

1

2

3

4

---

1

2

3

4

Heute bin ich
dankbar

DATUM

___/ ___/ ___

Heute bin ich
dankbar

DATUM

___/ ___/ ___

1
2
3
4

Heute bin ich
dankbar

DATUM

___/ ___/ ___

1
2
3
4

Heute bin ich
dankbar

DATUM

___/ ___/ ___

1
2
3
4

Das hätte diese Woche besser laufen können...

Das war mein Highlight diese Woche...

Heute bin ich
dankbar

DATUM

___/ ___/ ___

1

2

3

4

---

1

2

3

4

Heute bin ich
dankbar

DATUM

___/ ___/ ___

---

Heute bin ich
dankbar

DATUM

___/ ___/ ___

1

2

3

4

---

1

2

3

4

Heute bin ich
dankbar

DATUM

___/ ___/ ___

## Heute bin ich dankbar

1
2
3
4

DATUM
___ / ___ / ___

## Heute bin ich dankbar

1
2
3
4

DATUM
___ / ___ / ___

## Heute bin ich dankbar

1
2
3
4

DATUM
___ / ___ / ___

Das hätte diese Woche besser laufen können...

Das war mein Highlight diese Woche...

Heute bin ich
dankbar

DATUM

___/ ___/ ___

1
2
3
4

---

Heute bin ich
dankbar

DATUM

___/ ___/ ___

1
2
3
4

---

Heute bin ich
dankbar

DATUM

___/ ___/ ___

1
2
3
4

---

Heute bin ich
dankbar

DATUM

___/ ___/ ___

1
2
3
4

## Heute bin ich dankbar

DATUM
___/ ___/ ___

1
2
3
4

## Heute bin ich dankbar

DATUM
___/ ___/ ___

1
2
3
4

## Heute bin ich dankbar

DATUM
___/ ___/ ___

1
2
3
4

✿❧✿❧✿❧✿❧

*Das hätte diese Woche besser laufen können...*

*Das war mein Highlight diese Woche...*

*Heute bin ich dankbar*

DATUM

___/ ___/ ___

1

2

3

4

---

1

2

3

4

*Heute bin ich dankbar*

DATUM

___/ ___/ ___

---

*Heute bin ich dankbar*

DATUM

___/ ___/ ___

1

2

3

4

---

1

2

3

4

*Heute bin ich dankbar*

DATUM

___/ ___/ ___

## Heute bin ich dankbar

DATUM

___ / ___ / ___

1
2
3
4

---

1
2
3
4

## Heute bin ich dankbar

DATUM

___ / ___ / ___

---

## Heute bin ich dankbar

DATUM

___ / ___ / ___

1
2
3
4

---

## Das hätte diese Woche besser laufen können...

## Das war mein Highlight diese Woche...

# Menschen für die ich dankbar bin...

# Das macht mich besonders glücklich...

# Dieser Spruch bedeutet viel für mich....

## Weil:

## Heute bin ich dankbar

DATUM

___ / ___ / ___

1
2
3
4

---

1
2
3
4

## Heute bin ich dankbar

DATUM

___ / ___ / ___

---

## Heute bin ich dankbar

DATUM

___ / ___ / ___

1
2
3
4

---

1
2
3
4

## Heute bin ich dankbar

DATUM

___ / ___ / ___

## Heute bin ich dankbar

DATUM ___/ ___/ ___

1
2
3
4

---

## Heute bin ich dankbar

DATUM ___/ ___/ ___

1
2
3
4

---

## Heute bin ich dankbar

DATUM ___/ ___/ ___

1
2
3
4

---

Das hätte diese Woche besser laufen können...

Das war mein Highlight diese Woche...

Heute bin ich
dankbar

DATUM

___ / ___ / ___

1

2

3

4

---

1

2

3

4

Heute bin ich
dankbar

DATUM

___ / ___ / ___

---

Heute bin ich
dankbar

DATUM

___ / ___ / ___

1

2

3

4

---

1

2

3

4

Heute bin ich
dankbar

DATUM

___ / ___ / ___

Heute bin ich
dankbar

DATUM

___/ ___/ ___

1
2
3
4

---

1
2
3
4

Heute bin ich
dankbar

DATUM

___/ ___/ ___

---

Heute bin ich
dankbar

DATUM

___/ ___/ ___

1
2
3
4

---

Das hätte diese Woche besser laufen können...

Das war mein Highlight diese Woche...

Heute bin ich
dankbar

DATUM

___/___/___

1
2
3
4

---

Heute bin ich
dankbar

DATUM

___/___/___

1
2
3
4

---

Heute bin ich
dankbar

DATUM

___/___/___

1
2
3
4

---

Heute bin ich
dankbar

DATUM

___/___/___

1
2
3
4

Heute bin ich
dankbar

DATUM

___/ ___/ ___

1

2

3

4

Heute bin ich
dankbar

DATUM

___/ ___/ ___

1

2

3

4

Heute bin ich
dankbar

DATUM

___/ ___/ ___

1

2

3

4

Das hätte diese Woche besser laufen können...

Das war mein Highlight diese Woche...

Heute bin ich
dankbar

DATUM

___/ ___/ ___

1
2
3
4

---

1
2
3
4

Heute bin ich
dankbar

DATUM

___/ ___/ ___

---

Heute bin ich
dankbar

DATUM

___/ ___/ ___

1
2
3
4

---

1
2
3
4

Heute bin ich
dankbar

DATUM

___/ ___/ ___

Heute bin ich
dankbar

DATUM

___ / ___ / ___

1
2
3
4



Heute bin ich
dankbar

DATUM

___ / ___ / ___

1
2
3
4



Heute bin ich
dankbar

DATUM

___ / ___ / ___

1
2
3
4



Das hätte diese Woche besser laufen können...

Das war mein Highlight diese Woche...

# Menschen für die ich dankbar bin...

# Das macht mich besonders glücklich...

# Dieser Spruch bedeutet viel für mich.....

## Weil:

## Heute bin ich dankbar

1
2
3
4

DATUM
___ / ___ / ___

---

1
2
3
4

## Heute bin ich dankbar

DATUM
___ / ___ / ___

---

## Heute bin ich dankbar

1
2
3
4

DATUM
___ / ___ / ___

---

1
2
3
4

## Heute bin ich dankbar

DATUM
___ / ___ / ___

# Heute bin ich dankbar

DATUM

___/ ___/ ___

1
2
3
4


# Heute bin ich dankbar

DATUM

___/ ___/ ___

1
2
3
4



# Heute bin ich dankbar

DATUM

___/ ___/ ___

1
2
3
4


## Das hätte diese Woche besser laufen können...

## Das war mein Highlight diese Woche...

Heute bin ich
dankbar

DATUM

___/ ___/ ___

1
2
3
4

1
2
3
4

Heute bin ich
dankbar

DATUM

___/ ___/ ___

Heute bin ich
dankbar

DATUM

___/ ___/ ___

1
2
3
4

1
2
3
4

Heute bin ich
dankbar

DATUM

___/ ___/ ___

Heute bin ich
dankbar

DATUM

___/ ___/ ___

1

2

3

4

---

1

2

3

4

Heute bin ich
dankbar

DATUM

___/ ___/ ___

---

Heute bin ich
dankbar

DATUM

___/ ___/ ___

1

2

3

4

---

## Das hätte diese Woche besser laufen können...

## Das war mein Highlight diese Woche...

_Heute bin ich_
_dankbar_

DATUM

____/ ____/ ___

**1**
**2**
**3**
**4**

---

**1**
**2**
**3**
**4**

_Heute bin ich_
_dankbar_

DATUM

____/ ____/ ___

---

_Heute bin ich_
_dankbar_

DATUM

____/ ____/ ___

**1**
**2**
**3**
**4**

---

**1**
**2**
**3**
**4**

_Heute bin ich_
_dankbar_

DATUM

____/ ____/ ___

Heute bin ich
dankbar

DATUM

___/ ___/ ___

1

2

3

4

Heute bin ich
dankbar

DATUM

___/ ___/ ___

1

2

3

4

Heute bin ich
dankbar

DATUM

___/ ___/ ___

1

2

3

4

Das hätte diese Woche besser laufen können...

Das war mein Highlight diese Woche...

Heute bin ich
dankbar

DATUM

___ / ___ / ___

1
2
3
4

---

1
2
3
4

Heute bin ich
dankbar

DATUM

___ / ___ / ___

---

Heute bin ich
dankbar

DATUM

___ / ___ / ___

1
2
3
4

---

1
2
3
4

Heute bin ich
dankbar

DATUM

___ / ___ / ___

## Heute bin ich dankbar

DATUM

___ / ___ / ___

1

2

3

4

## Heute bin ich dankbar

DATUM

___ / ___ / ___

1

2

3

4

## Heute bin ich dankbar

DATUM

___ / ___ / ___

1

2

3

4

Das hätte diese Woche besser laufen können...

Das war mein Highlight diese Woche...

# Menschen für die ich dankbar bin...

# Das macht mich besonders glücklich...

## Dieser Spruch bedeutet
## viel für mich.....

## Weil:

## Heute bin ich dankbar

1

2

3

4

DATUM

___/ ___/ ___

---

1

2

3

4

## Heute bin ich dankbar

DATUM

___/ ___/ ___

---

## Heute bin ich dankbar

1

2

3

4

DATUM

___/ ___/ ___

---

1

2

3

4

## Heute bin ich dankbar

DATUM

___/ ___/ ___

## Heute bin ich dankbar

DATUM

___ / ___ / ___

1
2
3
4

---

1
2
3
4

## Heute bin ich dankbar

DATUM

___ / ___ / ___

---

## Heute bin ich dankbar

DATUM

___ / ___ / ___

1
2
3
4

---

### Das hätte diese Woche besser laufen können...

### Das war mein Highlight diese Woche...

## Heute bin ich dankbar

DATUM

___ / ___ / ___

1
2
3
4

---

## Heute bin ich dankbar

DATUM

___ / ___ / ___

1
2
3
4

---

## Heute bin ich dankbar

DATUM

___ / ___ / ___

1
2
3
4

---

## Heute bin ich dankbar

DATUM

___ / ___ / ___

1
2
3
4

## Heute bin ich dankbar

1
2
3
4

DATUM

___ / ___ / ___

---

## Heute bin ich dankbar

1
2
3
4

DATUM

___ / ___ / ___

---

## Heute bin ich dankbar

1
2
3
4

DATUM

___ / ___ / ___

---

Das hätte diese Woche besser laufen können...

Das war mein Highlight diese Woche...

Heute bin ich
dankbar

DATUM

___/ ___/ ___

1
2
3
4

---

1
2
3
4

Heute bin ich
dankbar

DATUM

___/ ___/ ___

---

Heute bin ich
dankbar

DATUM

___/ ___/ ___

1
2
3
4

---

1
2
3
4

Heute bin ich
dankbar

DATUM

___/ ___/ ___

## Heute bin ich dankbar

1
2
3
4

DATUM
___/___/___

## Heute bin ich dankbar

1
2
3
4

DATUM
___/___/___

## Heute bin ich dankbar

1
2
3
4

DATUM
___/___/___

*Das hätte diese Woche besser laufen können...*

*Das war mein Highlight diese Woche...*

Heute bin ich
dankbar

DATUM

___ / ___ / ___

1

2

3

4

---

1

2

3

4

Heute bin ich
dankbar

DATUM

___ / ___ / ___

---

Heute bin ich
dankbar

DATUM

___ / ___ / ___

1

2

3

4

---

1

2

3

4

Heute bin ich
dankbar

DATUM

___ / ___ / ___

## Heute bin ich dankbar

DATUM ___ / ___ / ___

1
2
3
4

---

## Heute bin ich dankbar

DATUM ___ / ___ / ___

1
2
3
4

---

## Heute bin ich dankbar

DATUM ___ / ___ / ___

1
2
3
4

---

Das hätte diese Woche besser laufen können...

Das war mein Highlight diese Woche...

# Menschen für die ich dankbar bin...

# Das macht mich besonders glücklich...

Dieser Spruch bedeutet
viel für mich.....

Weil:

*Heute bin ich*
*dankbar*

DATUM

___/___/___

1
2
3
4

---

1
2
3
4

*Heute bin ich*
*dankbar*

DATUM

___/___/___

---

*Heute bin ich*
*dankbar*

DATUM

___/___/___

1
2
3
4

---

1
2
3
4

*Heute bin ich*
*dankbar*

DATUM

___/___/___

Heute bin ich
dankbar

DATUM

___/ ___/ ___

1
2
3
4

---

Heute bin ich
dankbar

DATUM

___/ ___/ ___

1
2
3
4

---

Heute bin ich
dankbar

DATUM

___/ ___/ ___

1
2
3
4

---

Das hätte diese Woche besser laufen können...

Das war mein Highlight diese Woche...

## Heute bin ich dankbar

DATUM

___/ ___/ ___

1
2
3
4

---

1
2
3
4

## Heute bin ich dankbar

DATUM

___/ ___/ ___

---

## Heute bin ich dankbar

DATUM

___/ ___/ ___

1
2
3
4

---

1
2
3
4

## Heute bin ich dankbar

DATUM

___/ ___/ ___

Heute bin ich
dankbar

DATUM

____/ ____/ ____

1

2

3

4

---

1

2

3

4

Heute bin ich
dankbar

DATUM

____/ ____/ ____

---

Heute bin ich
dankbar

DATUM

____/ ____/ ____

1

2

3

4

---

Das hätte diese Woche besser laufen können...

Das war mein Highlight diese Woche...

## Heute bin ich dankbar

1
2
3
4

DATUM

___/ ___/ ___

---

1
2
3
4

## Heute bin ich dankbar

DATUM

___/ ___/ ___

---

## Heute bin ich dankbar

1
2
3
4

DATUM

___/ ___/ ___

---

1
2
3
4

## Heute bin ich dankbar

DATUM

___/ ___/ ___

## Heute bin ich dankbar

1
2
3
4

DATUM

___/ ___/ ___

## Heute bin ich dankbar

1
2
3
4

DATUM

___/ ___/ ___

## Heute bin ich dankbar

1
2
3
4

DATUM

___/ ___/ ___

Das hätte diese Woche besser laufen können...

Das war mein Highlight diese Woche...

Heute bin ich
dankbar

DATUM

___/ ___/ ___

1
2
3
4

---

1
2
3
4

Heute bin ich
dankbar

DATUM

___/ ___/ ___

---

Heute bin ich
dankbar

DATUM

___/ ___/ ___

1
2
3
4

---

1
2
3
4

Heute bin ich
dankbar

DATUM

___/ ___/ ___

## Heute bin ich dankbar

1
2
3
4

DATUM
___ / ___ / ___

---

1
2
3
4

## Heute bin ich dankbar

DATUM
___ / ___ / ___

---

## Heute bin ich dankbar

DATUM
___ / ___ / ___

1
2
3
4

---

### Das hätte diese Woche besser laufen können...

### Das war mein Highlight diese Woche...

# Menschen für die ich dankbar bin...

# Das macht mich besonders glücklich...

Dieser Spruch bedeutet
viel für mich.....

Weil:

## Heute bin ich dankbar

DATUM

___ / ___ / ___

1
2
3
4

---

1
2
3
4

## Heute bin ich dankbar

DATUM

___ / ___ / ___

---

## Heute bin ich dankbar

DATUM

___ / ___ / ___

1
2
3
4

---

1
2
3
4

## Heute bin ich dankbar

DATUM

___ / ___ / ___

Heute bin ich
dankbar

DATUM

___/ ___/ ___

1
2
3
4

Heute bin ich
dankbar

DATUM

___/ ___/ ___

1
2
3
4

Heute bin ich
dankbar

DATUM

___/ ___/ ___

1
2
3
4

Das hätte diese Woche besser laufen können...

Das war mein Highlight diese Woche...

Heute bin ich
dankbar

DATUM

___/ ___/ ___

1

2

3

4

---

1

2

3

4

Heute bin ich
dankbar

DATUM

___/ ___/ ___

---

Heute bin ich
dankbar

DATUM

___/ ___/ ___

1

2

3

4

---

1

2

3

4

Heute bin ich
dankbar

DATUM

___/ ___/ ___

## Heute bin ich dankbar

1
2
3
4

DATUM

___ / ___ / ___

## Heute bin ich dankbar

1
2
3
4

DATUM

___ / ___ / ___

## Heute bin ich dankbar

1
2
3
4

DATUM

___ / ___ / ___

Das hätte diese Woche besser laufen können...

Das war mein Highlight diese Woche...

## Heute bin ich dankbar

DATUM

___ / ___ / ___

1

2

3

4

---

1

2

3

4

## Heute bin ich dankbar

DATUM

___ / ___ / ___

---

## Heute bin ich dankbar

DATUM

___ / ___ / ___

1

2

3

4

---

1

2

3

4

## Heute bin ich dankbar

DATUM

___ / ___ / ___

Heute bin ich
dankbar

DATUM

___/ ___/ ___

1
2
3
4

---

Heute bin ich
dankbar

DATUM

___/ ___/ ___

1
2
3
4

---

Heute bin ich
dankbar

DATUM

___/ ___/ ___

1
2
3
4

---

Das hätte diese Woche besser laufen können...

Das war mein Highlight diese Woche...

## Heute bin ich dankbar

DATUM

___/ ___/ ___

1
2
3
4

---

1
2
3
4

## Heute bin ich dankbar

DATUM

___/ ___/ ___

---

## Heute bin ich dankbar

DATUM

___/ ___/ ___

1
2
3
4

---

1
2
3
4

## Heute bin ich dankbar

DATUM

___/ ___/ ___

## Heute bin ich dankbar

1
2
3
4

DATUM

___ / ___ / ___

## Heute bin ich dankbar

1
2
3
4

DATUM

___ / ___ / ___

## Heute bin ich dankbar

1
2
3
4

DATUM

___ / ___ / ___

*Das hätte diese Woche besser laufen können...*

*Das war mein Highlight diese Woche...*

# Menschen für die ich dankbar bin...

# Das macht mich besonders glücklich...

Dieser Spruch bedeutet
viel für mich....

Weil:

Heute bin ich
dankbar

DATUM

___/ ___/ ___

1
2
3
4

---

1
2
3
4

Heute bin ich
dankbar

DATUM

___/ ___/ ___

---

Heute bin ich
dankbar

DATUM

___/ ___/ ___

1
2
3
4

---

1
2
3
4

Heute bin ich
dankbar

DATUM

___/ ___/ ___

Heute bin ich
dankbar

DATUM

___/ ___/ ___

1
2
3
4

Heute bin ich
dankbar

DATUM

___/ ___/ ___

1
2
3
4

Heute bin ich
dankbar

DATUM

___/ ___/ ___

1
2
3
4

Das hätte diese Woche besser laufen können...

Das war mein Highlight diese Woche...

*Heute bin ich*
*dankbar*

DATUM

___/ ___/ ___

1
2
3
4

---

1
2
3
4

*Heute bin ich*
*dankbar*

DATUM

___/ ___/ ___

---

*Heute bin ich*
*dankbar*

DATUM

___/ ___/ ___

1
2
3
4

---

1
2
3
4

*Heute bin ich*
*dankbar*

DATUM

___/ ___/ ___

Heute bin ich
dankbar

DATUM

___/ ___/ ___

1

2

3

4

---

Heute bin ich
dankbar

DATUM

___/ ___/ ___

1

2

3

4

---

Heute bin ich
dankbar

DATUM

___/ ___/ ___

1

2

3

4

---

Das hätte diese Woche besser laufen können...

Das war mein Highlight diese Woche...

Heute bin ich
dankbar

DATUM

___/ ___/ ___

1

2

3

4

Heute bin ich
dankbar

DATUM

___/ ___/ ___

1

2

3

4

Heute bin ich
dankbar

DATUM

___/ ___/ ___

1

2

3

4

Heute bin ich
dankbar

DATUM

___/ ___/ ___

1

2

3

4

## Heute bin ich dankbar

DATUM

___ / ___ / ___

1
2
3
4

---

1
2
3
4

## Heute bin ich dankbar

DATUM

___ / ___ / ___

---

## Heute bin ich dankbar

DATUM

___ / ___ / ___

1
2
3
4

---

## Das hätte diese Woche besser laufen können...

## Das war mein Highlight diese Woche...

Heute bin ich
dankbar

DATUM

____/ ____/ ____

1
2
3
4

Heute bin ich
dankbar

DATUM

____/ ____/ ____

1
2
3
4

Heute bin ich
dankbar

DATUM

____/ ____/ ____

1
2
3
4

Heute bin ich
dankbar

DATUM

____/ ____/ ____

1
2
3
4

Heute bin ich dankbar

DATUM
___ / ___ / ___

1
2
3
4

1
2
3
4

Heute bin ich dankbar

DATUM
___ / ___ / ___

Heute bin ich dankbar

DATUM
___ / ___ / ___

1
2
3
4

Das hätte diese Woche besser laufen können...

Das war mein Highlight diese Woche...

# Menschen für die ich dankbar bin...

# Das macht mich besonders glücklich...

Dieser Spruch bedeutet
viel für mich.....

Weil:

Heute bin ich
dankbar

DATUM

___ / ___ / ___

1
2
3
4

---

1
2
3
4

Heute bin ich
dankbar

DATUM

___ / ___ / ___

---

Heute bin ich
dankbar

DATUM

___ / ___ / ___

1
2
3
4

---

1
2
3
4

Heute bin ich
dankbar

DATUM

___ / ___ / ___

# Heute bin ich dankbar

DATUM ___/ ___/ ___

1.
2.
3.
4.

# Heute bin ich dankbar

DATUM ___/ ___/ ___

1.
2.
3.
4.

# Heute bin ich dankbar

DATUM ___/ ___/ ___

1.
2.
3.
4.

## Das hätte diese Woche besser laufen können…

## Das war mein Highlight diese Woche…

## Heute bin ich dankbar

DATUM

___/ ___/ ___

1
2
3
4

## Heute bin ich dankbar

DATUM

___/ ___/ ___

1
2
3
4

## Heute bin ich dankbar

DATUM

___/ ___/ ___

1
2
3
4

## Heute bin ich dankbar

DATUM

___/ ___/ ___

1
2
3
4

## Heute bin ich dankbar

1
2
3
4

DATUM

___/ ___/ ___

---

## Heute bin ich dankbar

1
2
3
4

DATUM

___/ ___/ ___

---

## Heute bin ich dankbar

1
2
3
4

DATUM

___/ ___/ ___

---

### Das hätte diese Woche besser laufen können...

### Das war mein Highlight diese Woche...

## Heute bin ich dankbar

1
2
3
4

DATUM
___ / ___ / ___

---

1
2
3
4

## Heute bin ich dankbar

DATUM
___ / ___ / ___

---

## Heute bin ich dankbar

1
2
3
4

DATUM
___ / ___ / ___

---

1
2
3
4

## Heute bin ich dankbar

DATUM
___ / ___ / ___

## Heute bin ich dankbar

1
2
3
4

DATUM

___/___/___

---

1
2
3
4

## Heute bin ich dankbar

DATUM

___/___/___

---

## Heute bin ich dankbar

1
2
3
4

DATUM

___/___/___

---

Das hätte diese Woche besser laufen können...

Das war mein Highlight diese Woche...

Heute bin ich
dankbar

DATUM

___/ ___/ ___

1
2
3
4


Heute bin ich
dankbar

DATUM

___/ ___/ ___

1
2
3
4


Heute bin ich
dankbar

DATUM

___/ ___/ ___

1
2
3
4


Heute bin ich
dankbar

DATUM

___/ ___/ ___

1
2
3
4

## Heute bin ich dankbar

DATUM
___ / ___ / ___

1
2
3
4

## Heute bin ich dankbar

DATUM
___ / ___ / ___

1
2
3
4

## Heute bin ich dankbar

DATUM
___ / ___ / ___

1
2
3
4

Das hätte diese Woche besser laufen können...

Das war mein Highlight diese Woche...

# Menschen für die ich dankbar bin...

# Das macht mich besonders glücklich...

# Dieser Spruch bedeutet viel für mich....

## Weil:

*Heute bin ich*
*dankbar*

DATUM

___ / ___ / ___

1
2
3
4

---

1
2
3
4

*Heute bin ich*
*dankbar*

DATUM

___ / ___ / ___

---

*Heute bin ich*
*dankbar*

DATUM

___ / ___ / ___

1
2
3
4

---

1
2
3
4

*Heute bin ich*
*dankbar*

DATUM

___ / ___ / ___

## Heute bin ich dankbar

DATUM

___ / ___ / ___

1
2
3
4

---

1
2
3
4

## Heute bin ich dankbar

DATUM

___ / ___ / ___

---

## Heute bin ich dankbar

DATUM

___ / ___ / ___

1
2
3
4

---

Das hätte diese Woche besser laufen können...

Das war mein Highlight diese Woche...

Heute bin ich
dankbar

DATUM

___/ ___/ ___

1
2
3
4

---

1
2
3
4

Heute bin ich
dankbar

DATUM

___/ ___/ ___

---

Heute bin ich
dankbar

DATUM

___/ ___/ ___

1
2
3
4

---

1
2
3
4

Heute bin ich
dankbar

DATUM

___/ ___/ ___

## Heute bin ich dankbar

DATUM
___ / ___ / ___

1
2
3
4

---

1
2
3
4

## Heute bin ich dankbar

DATUM
___ / ___ / ___

---

## Heute bin ich dankbar

DATUM
___ / ___ / ___

1
2
3
4

---

✿✹✿✹✿✹✿✹

### Das hätte diese Woche besser laufen können...

### Das war mein Highlight diese Woche...

Heute bin ich
dankbar

DATUM

___/ ___/ ___

1
2
3
4

---

1
2
3
4

Heute bin ich
dankbar

DATUM

___/ ___/ ___

---

Heute bin ich
dankbar

DATUM

___/ ___/ ___

1
2
3
4

---

1
2
3
4

Heute bin ich
dankbar

DATUM

___/ ___/ ___

Heute bin ich
dankbar

DATUM

___/ ___/ ___

1
2
3
4

---

1
2
3
4

Heute bin ich
dankbar

DATUM

___/ ___/ ___

---

Heute bin ich
dankbar

DATUM

___/ ___/ ___

1
2
3
4

---

Das hätte diese Woche besser laufen können...

Das war mein Highlight diese Woche...

Heute bin ich
dankbar

DATUM

___/ ___/ ___

1
2
3
4

---

1
2
3
4

Heute bin ich
dankbar

DATUM

___/ ___/ ___

---

Heute bin ich
dankbar

DATUM

___/ ___/ ___

1
2
3
4

---

1
2
3
4

Heute bin ich
dankbar

DATUM

___/ ___/ ___

## Heute bin ich dankbar

**1**

**2**

**3**

**4**

DATUM

___/ ___/ ___

---

## Heute bin ich dankbar

**1**

**2**

**3**

**4**

DATUM

___/ ___/ ___

---

## Heute bin ich dankbar

**1**

**2**

**3**

**4**

DATUM

___/ ___/ ___

---

*Das hätte diese Woche besser laufen können...*

*Das war mein Highlight diese Woche...*

# Menschen für die ich dankbar bin...

# Das macht mich besonders glücklich...

## Dieser Spruch bedeutet viel für mich....

## Weil:

## Heute bin ich dankbar

DATUM ____/ ____/ ____

1
2
3
4

---

1
2
3
4

## Heute bin ich dankbar

DATUM ____/ ____/ ____

---

## Heute bin ich dankbar

DATUM ____/ ____/ ____

1
2
3
4

---

1
2
3
4

## Heute bin ich dankbar

DATUM ____/ ____/ ____

## Heute bin ich dankbar

DATUM

___ / ___ / ___

1

2

3

4

---

1

2

3

4

## Heute bin ich dankbar

DATUM

___ / ___ / ___

---

## Heute bin ich dankbar

DATUM

___ / ___ / ___

1

2

3

4

---

**Das hätte diese Woche besser laufen können...**

**Das war mein Highlight diese Woche...**

Heute bin ich
dankbar

DATUM

___ / ___ / ___

1

2

3

4

---

1

2

3

4

Heute bin ich
dankbar

DATUM

___ / ___ / ___

---

Heute bin ich
dankbar

DATUM

___ / ___ / ___

1

2

3

4

---

1

2

3

4

Heute bin ich
dankbar

DATUM

___ / ___ / ___

Heute bin ich
dankbar

DATUM

____/ ____/ ____

1

2

3

4

Heute bin ich
dankbar

DATUM

____/ ____/ ____

1

2

3

4

Heute bin ich
dankbar

DATUM

____/ ____/ ____

1

2

3

4

Das hätte diese Woche besser laufen können...

Das war mein Highlight diese Woche...

Heute bin ich
dankbar

DATUM

___/ ___/ ___

1
2
3
4

---

1
2
3
4

Heute bin ich
dankbar

DATUM

___/ ___/ ___

---

Heute bin ich
dankbar

DATUM

___/ ___/ ___

1
2
3
4

---

1
2
3
4

Heute bin ich
dankbar

DATUM

___/ ___/ ___

## Heute bin ich dankbar

1
2
3
4

DATUM

___/ ___/ ___

---

1
2
3
4

## Heute bin ich dankbar

DATUM

___/ ___/ ___

---

## Heute bin ich dankbar

1
2
3
4

DATUM

___/ ___/ ___

---

Das hätte diese Woche besser laufen können...

Das war mein Highlight diese Woche...

Heute bin ich
dankbar

DATUM

___/ ___/ ___

1
2
3
4

---

1
2
3
4

Heute bin ich
dankbar

DATUM

___/ ___/ ___

---

Heute bin ich
dankbar

DATUM

___/ ___/ ___

1
2
3
4

---

1
2
3
4

Heute bin ich
dankbar

DATUM

___/ ___/ ___

Heute bin ich
dankbar

DATUM

___/ ___/ ___

1
2
3
4

---

Heute bin ich
dankbar

DATUM

___/ ___/ ___

1
2
3
4

---

Heute bin ich
dankbar

DATUM

___/ ___/ ___

1
2
3
4

---

Das hätte diese Woche besser laufen können...

Das war mein Highlight diese Woche...